알수록 신기한
사계절 그림책

알수록 신기한
사계절 그림책

정정윤 글 • 박정미 그림

내일도맑음

 차례

봄과 가을

봄에는 왜 꽃이 많이 필까? •14
봄에는 왜 꽃가루가 날릴까? •16
봄에는 왜 꽃샘추위가 올까? •18
봄에는 왜 춘곤증이 생길까? •20
가을에는 왜 하늘이 맑고 높을까? •22
가을에는 왜 단풍이 들까? •24
봄과 가을에는 왜 황사가 많이 날릴까? •26
봄과 가을에는 왜 일교차가 클까? •28

사계절

우리나라에는 왜 사계절이 있을까? •8
우리나라의 사계절이 없어질 수 있다고? •10

여름

여름에는 왜 낮이 길고 밤은 짧을까? •32
여름에는 왜 너무 더울까? •34
여름에는 왜 장마가 올까? •36
여름에는 왜 초파리가 많이 생길까? •38
여름에는 왜 햇볕이 따가울까? •40
여름에는 왜 모기가 많을까? •42
여름에는 왜 태풍이 많이 올까? •44
여름에는 왜 끈적끈적할까? •46
여름에는 왜 열대야가 나타날까? •48
여름에는 왜 매미가 울까? •50

겨울

겨울에는 왜 나뭇가지가 앙상할까? •54
겨울에는 왜 춥고 건조할까? •56
겨울에는 왜 눈이 내릴까? •58
동물들은 왜 겨울잠을 잘까? •60
겨울에는 왜 입김이 날까? •62
겨울에는 왜 수도관이 터질까? •64
겨울에는 왜 길에 하얀 가루를 뿌릴까? •66
스키장의 눈은 왜 녹지 않을까? •68
겨울에는 왜 감기에 잘 걸릴까? •70
겨울에는 왜 삼한사온이 있을까? •72

글쓴이의 말 •74

사계절

우리나라에는 왜 사계절이 있을까?
우리나라의 사계절이 없어질 수 있다고?

우리나라에는 왜 사계절이 있을까?

지구가 기울어진 채 공전하는 것과 우리나라 주변의 공기 덩어리 때문이야.

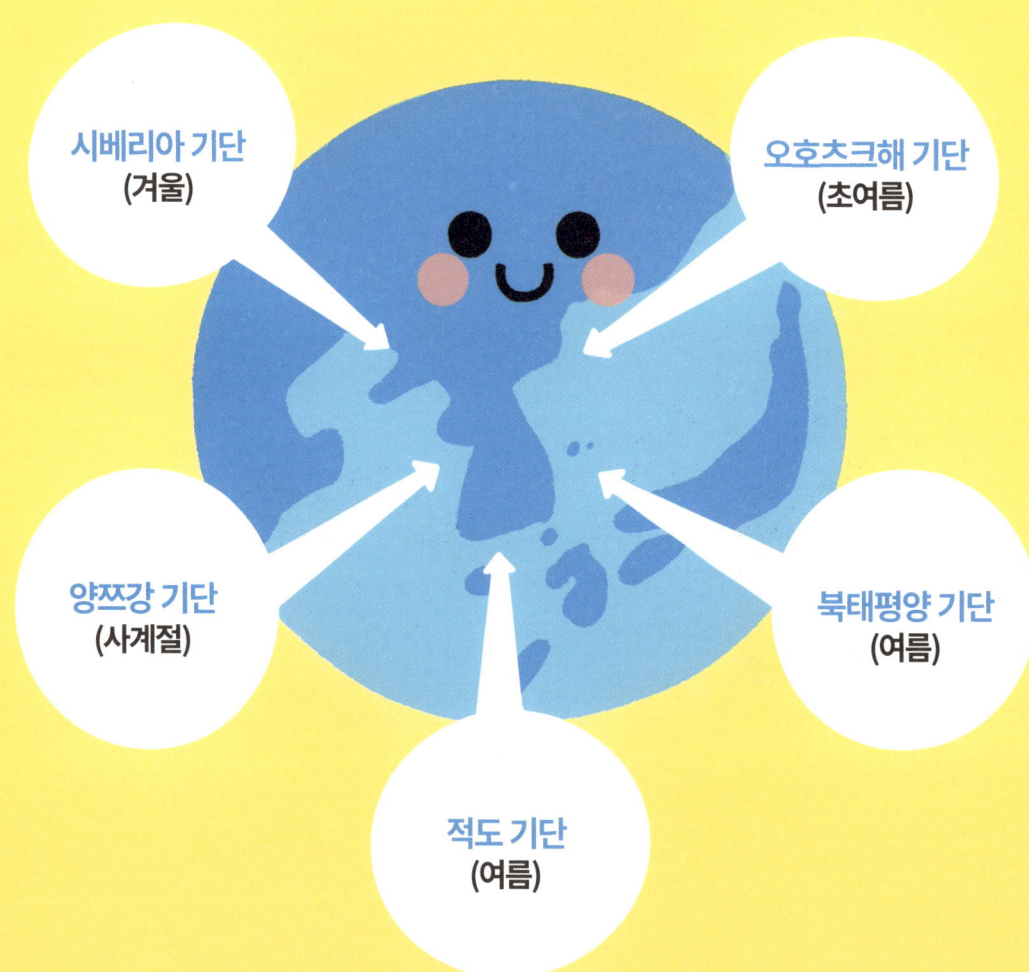

시베리아 기단
(겨울)

오호츠크해 기단
(초여름)

양쯔강 기단
(사계절)

북태평양 기단
(여름)

적도 기단
(여름)

우리나라 주변에는 다섯 개의 커다란 공기 덩어리가 있어.
이 공기 덩어리를 '기단'이라고 불러.

기단은 지구가 자전하면서 태양을 어떻게 보느냐에 따라
약해지기도 하고 강해지기도 하지.
'자전'은 지구가 기울어진 상태로 도는 것을 말해.
지구가 자전하기 때문에 낮과 밤이 생기는 거야.
그리고 지구가 회전목마처럼
태양 주변을 도는 것을 '공전'이라고 해.
지구가 태양을 한 바퀴 도는 데 걸리는 시간이 우리의 1년이야.

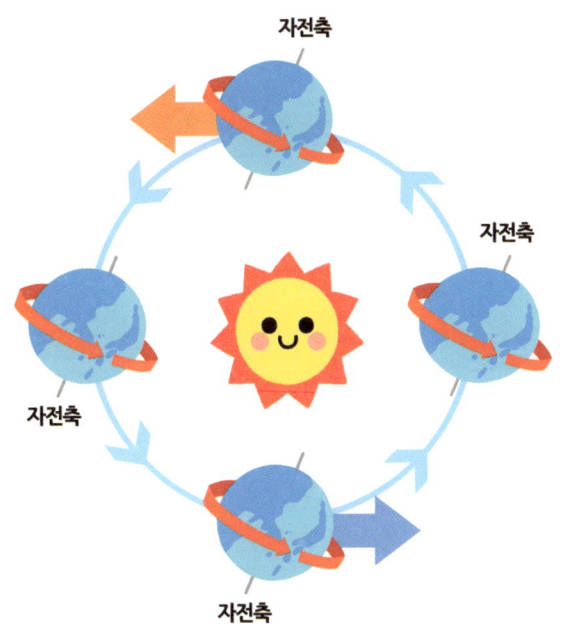

지구가 기울어진 상태로 공전하면서
달라지는 위치에 따라
태양을 바라보는 시간이 변해.
그래서 우리나라의 계절이 변하는 거야.

그러면 다른 나라에도 사계절이 있을까?
있는 나라도 있고, 없는 나라도 있어.
우리나라 주변의 일본, 중국은 물론
미국, 캐나다, 호주, 이탈리아와 같은 나라들도
우리나라처럼 사계절이 있어.

우리나라는 북반구에 있는데
남반구에 있는 호주는
우리가 여름일 때 겨울을 맞이해.
그래서 호주의 크리스마스는 여름이야!

우리나라의 사계절이 없어질 수 있다고?

언젠가 봄과 가을이 없어질지도 몰라.

'**지구 온난화**'가 심해지면서
우리나라의 봄과 가을은 점점 짧아지고,
여름은 더 덥고, 겨울은 더 추워지고 있어.

지구가 점점 뜨거워지면
여름과 겨울에 만들어지는 공기 덩어리가 더 많아지면서
여름과 겨울이 점점 길어지게 될 거야.
봄과 가을에 영향을 주는 '**양쯔강 기단**'은
사실 사계절 내내 머물러 있어.
하지만 여름과 겨울에 영향을 주는 기단이 훨씬 더 강해서
양쯔강 기단이 여름과 겨울에는 큰 힘을 발휘하지 못해.
봄과 가을은 여름과 겨울의 공기 덩어리가 사라질 때
나타나는 계절이니까 여름과 겨울이 길어지면
그만큼 점점 짧아지다가 없어질 수도 있어.

우리나라와 가까운 중국도 사막이 점점 많아지고,
일본도 조금씩 물에 잠기는 등
지구 온난화에 따라
눈에 보이는 변화가 나타나고 있어.

이대로 가다가는 우리나라의 사계절이
3계절, 2계절로 변화할지도 몰라.
그러니까 우리도 자연을 지키기 위해
분리수거로 재활용을 잘하고,
식물을 보호하는 등의 노력을 해야겠지?

봄과 가을

봄에는 왜 꽃이 많이 필까?
봄에는 왜 꽃가루가 날릴까?
봄에는 왜 꽃샘추위가 올까?
봄에는 왜 춘곤증이 생길까?
가을에는 왜 하늘이 맑고 높을까?
가을에는 왜 단풍이 들까?
봄과 가을에는 왜 황사가 많이 날릴까?
봄과 가을에는 왜 일교차가 클까?

봄에는 왜 꽃이 많이 필까?

겨울 동안 땅속에 있던 영양분 덕분이야.

가을에 떨어진 낙엽은 땅속에서 영양분으로 저장되고,
그 상태로 겨울을 보내.
따뜻한 봄이 오면 얼어 있던 땅이 서서히 녹는데,
이때 땅속에 있던 씨앗이 자라면서
싹이 돋아나지.

그러니까 겨울 동안 땅속에 있던 풍부한 영양분 덕분에
봄에 많은 싹이 올라오고, 꽃도 많이 피는 거야.
특히 여름과 가을을 지나 열매를 맺는 식물들은
대부분 봄에 꽃이 펴.

봄에는 왜 꽃가루가 날릴까?

식물이 번식하기 위해서야.

식물이 번식을 하는 방식에는 여러 가지가 있어.
그중 하나가 꽃가루를 이용하는 거야.
꽃가루는 벌이나 나비가 옮겨 주기도 하지만
바람에 날려 옮겨지기도 해.

식물이 번식을 하는 시기는 다양하지만
봄에 꽃이 많이 피기 때문에
꽃가루도 이 시기에 많이 날리는 거지.

봄에는 왜 꽃샘추위가 올까?

> 겨울에 영향을 주던 공기 덩어리가
> 한꺼번에 밀려오기 때문이야.

봄이 오면 날씨가 따뜻해졌다가
꽃이 필 때쯤 다시 잠깐 추워지는 현상을
'꽃샘추위'라고 하지.
봄꽃이 피는 걸 시샘한다고 해서
'꽃샘추위'라는 이름을 붙였다고 해.

봄이 되면 우리나라의 겨울을 책임지던
차가운 공기 덩어리의 힘이 약해져.
차가운 공기 덩어리의 힘이 약해지니까 날씨가 따뜻해지지.
그런데 이 공기 덩어리는 없어지지 않고 북쪽에 쌓여 있다가
가끔 힘이 강해지면서 우리나라로 밀려 내려와.
그 영향으로 꽃샘추위가 찾아오는 거야.

봄에는 왜 춘곤증이 생길까?

우리 몸이 봄에 적응하는 과정이야.

봄이 되면 겨울보다 날씨도 따뜻해지고,
낮의 길이도 길어지면서
야외 활동이 많아지지.
우리 몸도 여기에 적응하기 위해 안팎으로 움직임이 많아져.

봄에 몸의 움직임이 갑자기 많아지면
우리는 나른함을 느끼고
졸음, 집중력 저하, 식욕 부진 등을 겪는데,
이것을 **'춘곤증'**이라고 불러.

계절이 추운 겨울에서 따뜻한 봄으로 바뀔 때
우리 몸이 달라진 환경에 적응하는 과정인 거야.

가을에는 왜 하늘이 맑고 높을까?

> 다른 계절보다 수증기와 먼지가
> 적기 때문이야.

여름의 뜨거운 공기 덩어리가 적어지면
계절이 가을로 바뀌지.
여름에는 뜨거운 공기가 위로 올라가려 하고,
차가운 공기는 아래로 내려가려는 현상이 아주 강해.
이로 인해 수증기와 먼지가 높게 떠오르고
공기 중에 머무르는 시간이 길어져.

그런데 가을에는 그런 현상이 거의 사라지면서
먼지가 높게 떠오르지 않고,
비에 쉽게 씻겨 내려가.

가을에는 수증기와 먼지가 적어지면서
하늘이 다른 계절에 비해
구름도 적고, 더 맑고 파랗게 보이는 거야.

가을에는 왜 단풍이 들까?

단풍은 나무가 잎을 떨어뜨리는 과정에서 생기는 거야.

봄과 여름에는 뿌리에서 흡수한 물이 잎까지 잘 전달되고,
잎에서는 **'광합성'**이 잘 일어나.
광합성은 식물이 빛을 받아 영양분을 만드는 과정이야.
그런데 날씨가 점점 추워지는 가을이 되면
나무는 겨울을 잘 보내기 위한 준비에 들어가.

나무는 추운 겨울이 오기 전에
수분과 영양분을 아끼기 위해
공기가 닿는 면적을 최대한 줄이려고 해.
그래서 잎을 떨어뜨리는데,
이때 나뭇가지와 잎 사이에 **'떨켜'**가 생겨.
떨켜는 잎이 떨어지고 나서 수분이 빠져나가는 것을
막아 주는 세포야.

떨켜가 만들어지면
뿌리에서 흡수한 물이 잎까지 전달되지 못해
광합성을 하는 **'엽록소'**가 파괴되지.

엽록소는 잎을 초록색으로 보이게 해 주는데
엽록소가 파괴되면
그동안 가려졌던 다른 색들이 모습을 드러내.
이것을 단풍이 들었다고 하는 거야.

봄과 가을에는 왜 황사가 많이 날릴까?

중국의 사막 모래가 날아오기 때문이야.

온난화로 인해 지구의 사막화가 심해지고 있어.
중국의 사막도 점차 넓어지고 있지.

사막의 모래, 즉 **'황사'**는
겨울 동안 점점 더 건조하고, 더 가벼워져.
그래서 봄바람이 불 때
'양쯔강 기단'을 타고 중국의 사막 모래가
우리나라로 더 많이 날아오는 거야.

예전에는 황사가 봄에만 날아온다고 생각했는데
요즘은 사시사철 미세먼지가 날리고,
가을에도 황사가 날아온다고 해.
봄만큼은 아니지만 가을에도
황사의 영향이 갈수록 심해지고 있어.
황사는 건강에 좋지 않으니 우리 모두 주의하자고!

봄과 가을에는 왜 일교차가 클까?

> 공기 중의 습도도 낮고,
> 영향을 주는 공기 덩어리도 적어지기 때문이야.

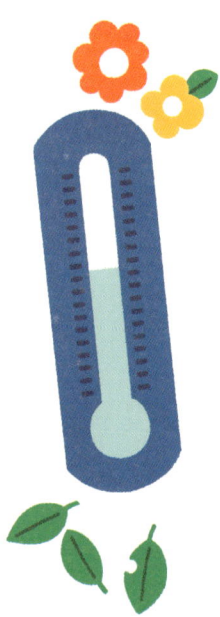

봄과 가을에는 여름에 비해 기온이 낮아.
기온이 낮으면 공기 중의 수증기 양이 줄어 습도도 낮아지지.
'수증기'는 물이 기체 상태로 있는 것을 말하는데,
물은 다른 성분보다 열을 잘 머금고 있어.

공기 중의 수증기는 낮에 해를 통해 열을 받아.
그리고 밤이 되면 그 열을 서서히 잃어 가는데,
습도가 낮으면 열을 머금고 있을 물이 적어지는 거야.
그래서 밤이 되고 해가 지면 기온이 쉽게 떨어지지.

봄과 가을에 영향을 미치는 공기 덩어리도
여름과 겨울에 영향을 미치는 공기 덩어리보다 힘이 약해.
공기 덩어리의 힘이 강하면 기온에 영향을 미치는데
공기 덩어리가 적고 힘이 약해서
온도에 큰 영향을 주지 못하는 거지.

봄과 가을에는 태양 에너지가 온도에 큰 영향을 주는데
밤이 되면 태양 에너지를 직접적으로 못 받으니까
기온이 뚝 떨어지지.
그래서 봄과 가을에는 일교차가 큰 거야.

여름에는 왜 낮이 길고 밤은 짧을까?

여름에는 왜 너무 더울까?

여름에는 왜 장마가 올까?

여름에는 왜 초파리가 많이 생길까?

여름에는 왜 햇볕이 따가울까?

여름에는 왜 모기가 많을까?

여름에는 왜 태풍이 많이 올까?

여름에는 왜 끈적끈적할까?

여름에는 왜 열대야가 나타날까?

여름에는 왜 매미가 울까?

여름에는 왜 낮이 길고 밤은 짧을까?

> **태양이 우리나라를 지나는 길이
> 길어지기 때문이야.**

여름에 낮이 길고 밤은 짧은 것은
'남중고도' 때문이야.
남중고도는 태양이 남쪽 하늘 중앙에 있을 때의 고도를 말해.
'고도' 는 태양과 땅이 이루는 각도를 말하지.
남중고도는 여름에 가장 높아.

지구는 기울어진 상태로 태양 주변을 공전하는데,
여름에는 태양이 지나는 길이 더 높고 길게 만들어져.
그래서 태양을 오래 만날 수 있는 거야.

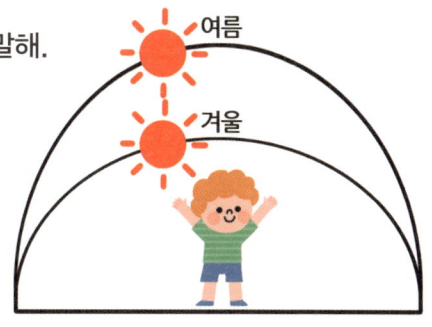

아침에 뜨는 순간부터 저녁에 지는 시간까지
태양은 항상 같은 속도로 지나는 것처럼 보여.
그런데 여름에는 태양이 더 높이 올라가기 때문에
더 오랜 시간 우리가 태양을 볼 수 있는 거지.

반대로 겨울에는 남중고도가 낮아져
태양이 우리나라를 지나는 길이 짧아지지.
지구는 계속 똑같은 속도로 도는데
태양이 지나는 길이 짧아지면
태양을 바라보는 시간이 줄어들게 돼.
그래서 겨울에는 낮이 짧아지고
상대적으로 밤은 길어지는 거야.

여름에는 왜 너무 더울까?

> # 지구가 태양 주변을
> # 기울어진 상태로 공전하기 때문이야.

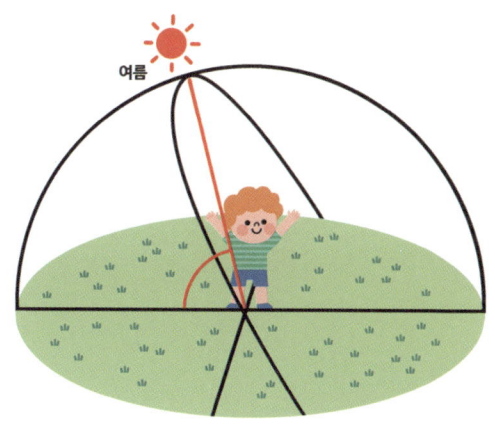

지구가 기울어진 채 공전하는 건
사계절이 생기는 이유이기도 해.
지구가 공전을 하면
태양을 볼 수 있는 시간이 길어지기도 하고
짧아지기도 하는데,
여름은 태양이 오랜 시간 우리를 비춰 주고,
그만큼 많은 에너지를 주는 계절이지.

여름에는 태양과 우리가 만나는 각도,
즉 남중고도가 가장 높아져.
남중고도가 높아지면 태양을 오래 볼 뿐만 아니라
수직에 가깝게 열에너지를 전달하기 때문에
열을 많이 받아.
땅도, 공기도 뜨겁게 데워지고
낮 시간 동안 우리가 받는 열에너지도 많아서
여름에는 아주 더운 거야.

여름에는 왜 장마가 올까?

찬 공기

더운 공기

여름에 영향을 주는
두 공기 덩어리가 만나기 때문이야.

여름철에 며칠간 계속해서
비가 내리는 현상을 **'장마'**라고 불러.

북쪽에서 내려온 차갑고 습한 공기 덩어리와
남쪽에서 올라온 덥고 습한 공기 덩어리가 만나면
누가 누가 더 강한지 세력 다툼을 하게 돼.

이때 더운 공기 덩어리는 위로 올라가려 하고,
차가운 공기 덩어리는 아래로 내려가려 하는데
위로 올라간 더운 공기 덩어리가 퍼지지 못하면
많은 비구름을 만들어.
이 비구름이 장마를 만드는 거야.

그러다 남쪽에서 올라온
덥고 습한 공기 덩어리의 힘이 더 강해지면
북쪽에서 내려온 공기 덩어리는 힘을 잃고 물러가게 돼.
그러면 장마가 끝나고 본격적인 더위가 찾아오지.

여름에는 왜 초파리가 많이 생길까?

초파리가 성장하기 가장 좋은 날씨이기 때문이야.

초파리는 알에서 부화해 성충이 되는 과정에
주변의 온도가 많은 영향을 미쳐.
주변 기온이 25℃일 때 가장 빠르게 성장하지.
그래서 날이 더워지는 초여름부터 초파리가 많이 보이는 거야.

초파리는 달달한 당과 시큼한 산이 있는 음식물을 아주 좋아해.
우리가 먹다 남은 음식물 쓰레기는
시간이 지나 부패하면서 당과 산을 갖게 되고
초파리가 정말 좋아하는 먹이가 되지.
그런데 여름에 특히 부패가 빠르기 때문에
초파리가 많이 몰려오는 거야.

초파리가 싫다면 음식물을 먹고 나서 빨리 치워야겠지?

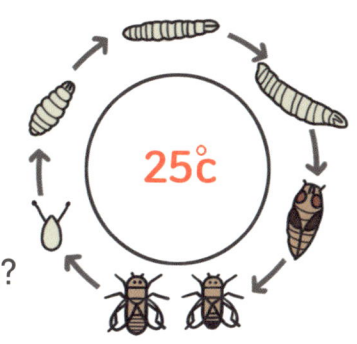

여름에는 왜 햇볕이 따가울까?

태양이 더 수직에 가깝게
내리쬐기 때문이야.

'**직사광선**'이라는 말을 들어 본 적 있어?
직사광선이란 곧게 내리쬐는 빛을 말해.

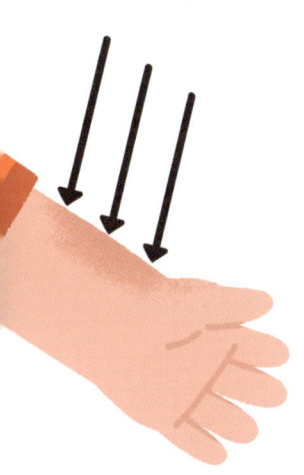

여름철에는 남중고도가 높아지고,
한낮에는 빛이 내리쬐는 각도가 80°에 가까워져.

햇볕이 수직으로 내리쬐면
태양의 열에너지를 더 많이 받는데,
다른 계절보다 각도가 커지니까
더 많은 열에너지를 받게 되는 거지.

이렇게 햇볕이 직접적으로 내리쬐어 열을 많이 전달할 때
피부가 따갑다고 느끼게 되는 거야.
뜨거운 햇볕을 너무 많이 받으면
피부가 화상을 입기도 하니까 조심해야 해.

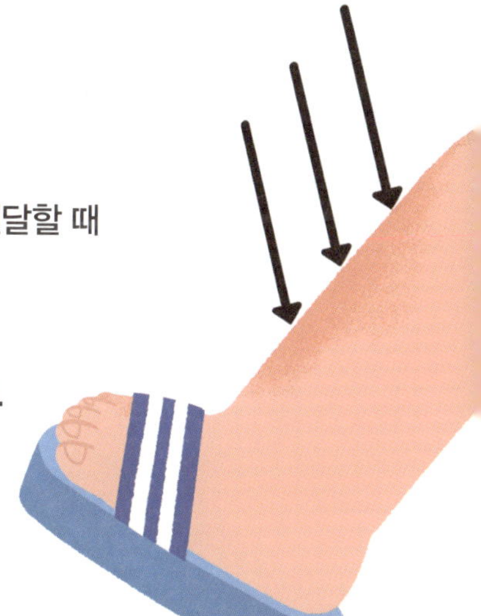

여름에는 왜 모기가 많을까?

모기는 고인 물에서 잘 생기기 때문이야.

모기가 태어나기 위해서는 물이 꼭 필요해.
모기가 좋아하는 물은 땅 위에 고여 있는 더러운 물!
여기에 천적(잡아먹는 동물)도 없고,
빛도 잘 들면 더 좋아하지.

모기는 주로 초여름 장마로 비가 많이 오고 나면
고인 물에 알을 낳고 성장하기 시작해.
초여름에 물웅덩이가 생기면
암컷 모기가 알을 낳고,
그 알이 2~3주 후에 모기가 되어서
여름 동안 우리를 괴롭히는 거야.

여름은 날씨가 더워서 물이 빨리 부패하고
빛도 잘 들어 모기가 살기 딱 좋은 거지.

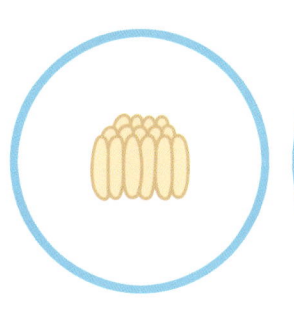  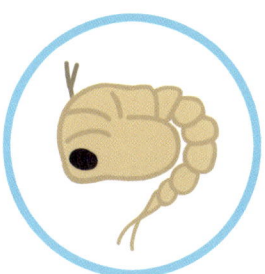 

여름에는 왜 태풍이 많이 올까?

적도

> **바다가 뜨거워져
> 많은 비구름을 만들기 때문이야.**

여름에는 적도 부근의 기온이 아주 높아져.
그러면 평소보다 높아진 온도로 인해
바닷물이 수증기가 되어 공기 중으로 올라가는 양이 많아지지.
물을 끓이면 김이 나는 것처럼
바닷물은 공기 중에서 비구름을 만들어.
이 비구름이 바람과 지구 자전을 통해 우리나라까지 오는 거야.

여름에는 바다가 태양을 보는 시간이 길어지면서 온도가 높아져.
그러면 적도 근처의 바다에서 강한 비구름이 많이 만들어지지.
적도 근처는 항상 덥지만
여름이 아닌 계절의 경우 강한 비구름이 형성될 정도는 아니야.
우리가 태풍이라고 부르는 강한 비구름은
7, 8, 9월의 뜨거운 태양 아래에서 만들어지기 때문에
여름에 태풍이 많이 오는 거야.

여름에는 왜 끈적끈적할까?

> **여름에 영향을 주는 공기 덩어리에
> 덥고 습한 성질이 있기 때문이야.**

우리나라의 여름에 영향을 미치는 공기 덩어리를
'북태평양 기단'이라고 해.
북태평양 기단은 남쪽 바다에서 만들어져.
우리나라보다 남쪽은 기온이 높아서
여기서 만들어진 공기 덩어리는 온도가 높아.
또 바다에서 형성되기 때문에 습도도 높지.

습도가 높다는 것은
공기 중의 수증기 양이 많다는 뜻이야.
이로 인해 피부에 공기가 닿았을 때
끈적끈적하고, 습하다고 느끼게 되는 거야.

북태평양 기단

여름에는 왜 열대야가 나타날까?

낮 동안 따뜻해진 공기 중의 수증기가
밤까지 안 식기 때문이야.

여름에는 날도 덥고 공기 중의 수증기 양도 많아서
끈적끈적하고 습도가 높아.
이 수증기는 낮 동안 따뜻해졌다가
밤이 되면 서서히 식어.

그런데 밤이 짧은 여름에는
이 수증기가 다 식기 전에
아침이 오기 때문에 밤에도 더운 거야.

우리나라는 3면이 바다라 수증기가 잘 생기고,
특히 빌딩이 빼곡한 대도시는 빌딩과 아스팔트,
큰 건축물들이 낮에 뜨거운 햇볕을 흡수했다가
밤에 그 열기를 내뿜어서 열대야가 더 심해.

여름에는 왜 매미가 울까?

> 짧은 삶 동안 번식을 하기 위해서야.

매미는 알을 낳고 성충이 되기까지 4~7년가량 걸려.
성충이 되어 살 수 있는 기간은 아주 짧아.
성충이 된 상태로 7~20일 정도 살고,
평균 수명은 10일 정도라고 해.

이 짧은 삶 동안 매미는 번식을 해야 해.
그러기 위해 수컷은 맴맴 울며 암컷에게 구애를 하지.
매미는 온도와 날씨에 민감해서
기온이 높고 밝을 때 많이 운다고 해.
그래서 여름철 온도가 높은
7월 말에서 8월 초에 가장 많이 우는 거지.

맴맴 소리가 클수록 더 멋진 매미라고 하니,
이번 여름에 귀를 한번 기울여 보는 건 어떨까?

겨울에는 왜 나뭇가지가 앙상할까?

겨울에는 왜 춥고 건조할까?

겨울에는 왜 눈이 내릴까?

동물들은 왜 겨울잠을 잘까?

겨울에는 왜 입김이 날까?

겨울에는 왜 수도관이 터질까?

겨울에는 왜 길에 하얀 가루를 뿌릴까?

스키장의 눈은 왜 녹지 않을까?

겨울에는 왜 감기에 잘 걸릴까?

겨울에는 왜 삼한사온이 있을까?

겨울에는 왜 나뭇가지가 앙상할까?

> 겨울을 잘 나기 위해서야.

가을에 단풍이 드는 이유처럼
겨울에 나뭇가지가 앙상한 것도
나무가 겨울을 잘 나기 위한 방법 중 하나야.

나무는 사람처럼 움직여서
맛있는 음식을 먹거나 영양을 섭취할 수가 없어.
그래서 최소한의 수분을 지킨 상태에서
겨울을 나기 위해 노력하지.

겨울에는 날씨가 건조해서
나무들이 먹을 수 있는 물이 줄어들어.
그래서 적은 물로 겨울을 날 준비를 하는 거야.
적은 물로 충분히 살아가기 위해 잎을 떨어뜨리고
앙상한 나뭇가지가 되어 겨울을 보내는 거지.

차갑고 건조한 공기 덩어리 때문이야.

우리나라의 겨울에 영향을 미치는 공기 덩어리는
'시베리아 기단'이야.
시베리아는 우리나라보다 북쪽에 있는 러시아 지역이야.
아주 추운 곳이지.

우리나라보다 북쪽인 러시아는 공기가 차갑고,
바다가 아닌 육지이기 때문에
건조한 특성이 있어.
이렇게 차갑고 건조한 공기 덩어리가
우리나라에 영향을 주는 계절이 바로 겨울이야.

기온이 낮으면 공기 중의 수증기 양도 줄어들지.
그 결과 겨울이 되면 건조해지는 거야.
건조하고 찬바람이 많이 부는 겨울에는
큰 산불이 나기 쉬우니 조심해야 해.

겨울에는 왜 눈이 내릴까?

> **날씨가 추워서 공기 중의 물방울이
> 얼기 때문이야.**

눈은 비와 같이
구름 속 물방울이 모여서 만들어져.
이 물방울이 온도가 낮아지면 얼 준비를 하고,
구름 속 작은 입자(모래 등)에 얼어붙으면 눈이 돼.
그러다가 어느 정도 무거워지면 땅으로 뚝 떨어지는 거야.
눈은 날씨에 따라 함박눈이 되어 내리기도 하고,
가루눈이 되기도 하고,
내리다가 녹아서 비처럼 되기도 해.

그러면 어떤 때 함박눈이 내리고,
어떤 때 가루눈이 내릴까?
가루눈은 기온이 아주 낮고
바람이 많이 부는 날 흩날리는 눈이야.
아주 낮은 기온에서 만들어져 습기가 많지 않으며,
잘 뭉쳐지지 않고 옷에 잘 묻지도 않지.
함박눈은 가루눈보다는
날씨가 포근하고 습도가 높으며,
바람이 별로 불지 않을 때 내리는 눈이야.
수분이 좀 더 있어서 잘 뭉쳐지고 무겁지.

에너지를 아끼려고 자는 거야.

겨울이 되면 날씨도 춥고, 낮의 길이도 짧아져서
동물들의 먹이가 줄어들어.
그래서 동물들은 미리 많이 먹어 두고
최대한 에너지를 아끼기 위해 겨울잠을 자는 거야.

이 겨울잠은 우리가 매일 잠드는 것과 조금 달라서
혼수상태에 빠진 것과 비슷하다고 해!
그리고 잠에서 깨어날 때에도
우리가 아침에 일어나는 것과 다르게
며칠에서 몇 주간에 걸쳐 일어나지.

겨울에는 왜 입김이 날까?

> **우리의 체온보다 밖의 온도가
> 아주 낮기 때문이야.**

우리의 입김은 사실 물이야. 바로 '**수증기**'지!

사람의 체온은 추운 겨울에도 36℃ 정도로 유지가 돼.
그런데 겨울에는 기온이 영하로도 떨어지니까
입술을 기준으로 입 안과 밖의 온도 차이가 엄청나게 나지.

입 안에서 36℃ 정도였던 공기가 입 밖으로 나와
차가운 온도를 만나는 순간 액체 상태로 변하게 돼.
이렇게 순간적으로 액체가 된 미세한 물방울이
하얗게 보이는 게 '**입김**'이야.

라면 물을 끓일 때
냄비 위로 하얀 김이 올라오는 게 보이잖아.
이것 역시 순간적으로 수증기가 식어서
액체 상태가 되어 우리 눈에 보이는 거야.

겨울에는 왜 수도관이 터질까?

물이 얼면서 부피가 커지기 때문이야.

수도관은 물이 지나는 길인데,
아주 추운 겨울날에는
수도관을 지나는 물이 얼어붙기도 해.

그런데 물은 얼음이 되면서
부피가 커지는 성질을 가지고 있어.

생수병에 물을 가득 채워 냉동실에 넣고 얼리면
터질 듯 부풀어 오르지.
그것처럼 날씨가 추워져서
수도관에 가득 차 있던 물이 얼어붙으면
부피가 커지면서 수도관이 터지는 거야.
헐크가 변신할 때 옷이 찢어지는 것처럼 말이야!

겨울에는 왜 길에 하얀 가루를 뿌릴까?

> 차와 사람이 미끄러지지 않게 도와주기 위해서야.

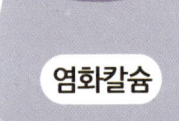

추운 겨울에 눈이 오면
길이 얼어붙어 미끄러워져.
그렇다면 얼음을 빠르게 녹여 주거나
길이 얼지 않게 예방해 줘야 안전하게 다닐 수 있겠지?
그럴 때 뿌리는 하얀 가루를 '**제설제**'라고 불러.
주로 사용하는 제설제는 염화칼슘이라는 물질이야.

물이 어는 온도를 '**어는점**'이라고 하는데,
제설제를 뿌려 주면 어는점이 낮아져서 얼지 않고
이미 얼음 상태인 눈을 순식간에 녹여 주지.

요즘은 염화칼슘 대신 불가사리를 이용한
친환경 제설제도 사용하고 있어.

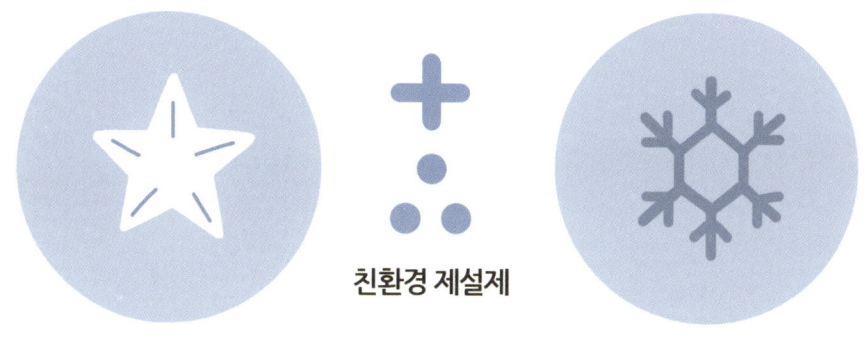

친환경 제설제

스키장의 눈은 왜 녹지 않을까?

> **진짜 눈이 아니라
> 인공 눈이기 때문이야.**

스키장에 뿌리는 눈은 인공 눈인데,
물을 얼려 만든 것이기 때문에 추운 겨울에 녹지 않아.

진짜 눈은 구름 속에서 서서히 만들어져
눈 결정이 만들어지고,
그 과정에서 결정 사이에 빈틈도 생겨.
그런데 스키장의 눈은
물을 아주 빠르게 얼려서 만들기 때문에
결정이 없고 얼음덩어리처럼 빈틈없는 눈이 되는 거야.

스키를 타다가 빈틈으로 인해 눈이 푹 꺼지면 위험하겠지?
그래서 스키장에는 인공 눈을 계속해서 뿌리고
겨울의 추운 온도가 이를 유지해 주는 거야.

겨울에는 왜 감기에 잘 걸릴까?

> **낮은 온도와 습도로 인해
> 바이러스가 쉽게 퍼지기 때문이야.**

감기에 걸리게 하는 바이러스는
기온이 낮으면 겉이 더 단단해지고
생존 기간도 길어져.

겨울의 온도와 습도는 바이러스를 단단하게 만들면서
쉽게 퍼지게 만들지.
게다가 겨울에는 추워서 실내 활동을 많이 하니까
서로서로 전파되기 쉬운 환경이 되는 거야.
그래서 겨울에도 환기를 잘 시켜 주는 것이 아주 중요해.

겨울에는 왜 삼한사온이 있을까?

> **겨울 날씨를 책임지는 공기 덩어리가
> 수축과 팽창을 반복하기 때문이야.**

겨울철 우리나라에 영향을 주는
공기 덩어리는 **'시베리아 기단'**인데,
이 기단은 수축과 팽창을 반복해.
차가운 공기가 수축해서 많이 모이면 춥고,
팽창해서 흩어지면 비교적 온난해지지.
그런데 겨울에 보통 3일은 춥고, 4일은 따뜻하다고 해서
'삼한사온'이라는 표현을 써.

하지만 이 주기가 항상 일정한 것은 아니야.
과거부터 삼한사온이 반드시 일정하지는 않았다고 해.
그리고 요즘은 지구 온난화로 인해 더욱 불규칙적으로 변하고 있지.

삼한사온이란?
3일은 춥고, 4일은 따뜻하다는 뜻!

 글쓴이의 말

우리의 사계절을 지키기 위해 노력해 보아요!

우리나라에는 봄, 여름, 가을, 겨울의 사계절이 있어요.
봄, 여름, 가을, 겨울은 저마다의 모습으로 아름다움을 뽐내고 있어요.

꽃과 함께 피어나는 봄,
바다와 뜨거운 태양이 생각나는 여름,
알록달록한 산과 높은 하늘을 가진 가을,
온 세상이 하얀 겨울까지
모든 계절이 자신만의 풍경을 보여 주지요.

그런데 요즘은 안타깝게도 봄과 가을이 짧아지고 있어요.
또 여름은 더욱 더워지고, 겨울은 더욱 추워지며
점점 사계절을 잃어 가고 있어요.
언젠가 봄과 가을을 만날 수 없는 날이 올까 무섭기까지 해요.
가장 큰 원인인 온난화는 지구의 온도를 올리는 것뿐만 아니라
지구의 모습까지 변화시키고 있어요.
우리의 지구를 지키기 위해서는 분리수거를 열심히 하거나,
멀지 않은 거리는 자동차를 이용하지 않는 식의 노력이 필요해요.

이 책을 통해 사계절의 특징과 모습을 더 많이 이해하고,
우리의 사계절을 지키기 위해 노력할 방법을 찾았으면 해요.

_정정윤

**알수록 신기한
사계절 그림책**

1판 1쇄 인쇄 2023년 8월 11일
1판 1쇄 발행 2023년 8월 30일

글 정정윤
그림 박정미
펴낸이 권영선

디자인 Nuri

펴낸곳 내일도맑음
등록 2020년 9월 17일 제2020-000104호
주소 서울시 성동구 왕십리로 31길 9-50
전화 070-8151-0402 팩스 02-6305-7115
이메일 flywriter@naver.com

ⓒ 정정윤·박정미, 2023

ISBN 979-11-980448-6-0 (77400)

값은 뒤표지에 있습니다.
잘못 만들어진 책은 구입처에서 교환해 드립니다.